내가
구원받았는지
어떻게
알 수 있는가

내가 구원받았는지 어떻게 알 수 있는가

지은이 | 존 오트버그
옮긴이 | 정성묵
초판 발행 | 2019. 9. 4
8쇄 발행 | 2024. 9. 24
등록번호 | 제1988-000080호
등록된 곳 | 서울시 용산구 서빙고로65길 38
발행처 | 사단법인 두란노서원
영업부 | 02)2078-3333 FAX | 080-749-3705
출판부 | 02)2078-3330

책값은 뒤표지에 있습니다.
ISBN 978-89-531-3589-5 03230

독자의 의견을 기다립니다.
tpress@duranno.com www.duranno.com

두란노서원은 바울 사도가 3차 전도 여행 때 에베소에서 성령 받은 제자들을 따로 세워 하나님의 말씀으로 양육
하던 장소입니다. 사도행전 19장 8 – 20절의 정신에 따라 첫째 목회자를 돕는 사역과 평신도를 훈련시키는 사역,
둘째 세계선교™와 문서선교 단행본 · 잡지 사역, 셋째 예수문화 및 경배와 찬양 사역, 그리고 가정 · 상담 사역 등을
감당하고 있습니다. 1980년 12월 22일에 창립된 두란노서원은 주님 오실 때까지 이 사역들을 계속할 것입니다.

내가
구원받았는지

어떻게
알 수 있는가

존 오트버그 지음　정성묵 옮김

두란노

"우리는 기독교의 구원 개념을
철저히 다시 생각해야 한다."

달라스 윌라드Dallas Willard

차

례

구원의 복음,
생명력을
잃어버리다

구원받는다는 것은 무슨 의미인가?

현실을 한번 보자. 굶주림과 가난은 좀처럼 끝이 보이지 않고, 영향력 있는 유명인사들이 여성을 상대로 성적 범죄를 저질렀다는 소식이 들려온다. 지구온난화는 갈수록 심해지고, 여기저기에서 가정들이 깨지고 있다. 종교 때문에 사람들이 오히려 분열하고, 정치는 이보다 더 추할 수가 없다. 이런 세상이다 보니 이 세상에 구원이 필요하다는 데는 이견의 여지가 없다.

세상에만 구원이 필요한 것이 아니다. 이 땅에 사는 우리 인간에게도 구원이 절실하다. 누구보다 먼저 '내'가 구원을 받아야 한다. 아마 당신도 마찬가지일 것이다.

한 가지는 분명하다. 구원받는 것이 가능하다면 어떻게든 그것이 무엇인지 알아야 한다. 구원받는다는 것은 무엇인가?

모든 것이 위기에 빠진 세상이다. 우리는 이 위태로운 세상에서 소중한 것들을 구해 내고 싶다. 파괴되는 숲과 사라져 가는 고래 등 인류에게 주어진 소중한 자연을 구하고 싶다. 의사들은 사람의 생명을 구하려 한다(물론 한낱 인간이 생명을 '진정으로' 구할 수는 없다. 단지 죽음을 좀 더 늦출 수만 있을 뿐이다). 우리는 쓸데없이 새는 돈과 원치 않게 낭비되는 시간을 구하려 애쓴다. 그래서 적금(saving account)을 들고, 달력에 서머타임(Daylight Saving Time) 기간을 꼼꼼하게 표시해 둔다. 정치인들은 무너지고 있는 경제와 문화를 구해 내겠다고 공약을 내건다. 심지어 온갖 크고 작은 전쟁에서 우리를 구하겠다면서 지지를 호소한다. 스포츠 경기에서도 우리는 구원을 추구한다. 야구에서 구원투수는 패색이 짙던 경기를 구해 내고 축구 경기 골키퍼는 상대팀의 슛을 막아 팀을 구해 낸다.

〈라이언 일병 구하기〉(Saving Private Ryan) 같은 영화들은 사람의 생명을 구하는 일이 무엇과도 비교할 수 없는 일이라는 사실을 상기시킨다. 이 영화에서처럼 다른 사람의 목숨을 구하기 위해 자신의 목숨을 내놓은 사람의 이야기는 다른 어떤 이야기보다도 큰 감동을 선사한다.

과연 구원을 받는다는 건 무엇을 의미하는가?

우리 모두는 구원을 갈망한다. 하지만 오늘날 이 단어는 고유의 긴박성을 거의 잃어버렸다. 특히 기독교에 익숙한 사회에서는 더더욱 그렇다. 가장 큰 원인은 구원의 의미를 익히 알고 있다고 '생각'하기 때문이다.

안타깝게도 오늘날 구원은 축소되고 형식화되고 우리 일상과 동떨어져 있다. 요즘 '패러다임 전환'이라는 단어를 너무 남발하는 경향이 있지만 여기서 꼭 필요한 단어가 아닌가 싶다. 구원은 오해받은 채로 썩게 놔두기에는 너무 중요한 단어다. 달라스 윌라드의 말이 맞다. "우리는 기독교의 구원 개념을 철저히 다시 생각해야 한다."[1]

언제부터인가 우리는 복음의 힘과 약속을 잃어버렸다. 복음을 축소시켰고 덩달아 우리가 생각하는 하나님의 크기도 작아져 버렸다.

예수님이 제시하신 구원은 지금 우리가 생각하는 구원 즉 단순히 커트라인을 통과하는 수준보다 훨씬 더 크고 넓고 중요하다. 그 구원은 세상의 소망이다. 그 구원은 인간의 삶의 회복이다. 그 구원은 인생의 의미와 가치에 대한 약속이다. 그 구원은 과거를 죄책감 없이 직시하고 미래를 두려움 없이 직면하면서 평안하게 살 수 있는 확실한 근거가 되어 준다.

그래서 우리는 기독교의 구원 개념을 철저히 다시 생각해야 한다. 이 작은 책자는 구원이라는 단어를 바라보는 두 가지 시각을 비교한다.

첫 번째 시각은 어떻게 하면 사후에 천국에 갈 수 있는지에 초점을 맞추며 '크리스천'(Christian; 그리스도인)이 되기 위해 특정 교리를 고백하거나 특정 기도를 드리는 것을 강조한다.

두 번째 시각은 지금 여기 이 땅에서 하나님의 통치와 권능 아래서 영생(eternal life; 영원한 생명, 영원한 삶)을 경험하는 것에 주목한다. 이 시각에서 본 구원의 핵심은 장소의 이동이 아니라 삶의 변화다. 이 구원의 핵심은 하나님이 '우리에게' 해 주시는 일이 아니라 하나님이 '우리 안에서' 하시는 일이다. 이 구원의 핵심은 하나님 나라의 삶이 한 번에 한 순간씩 우리의 작은 삶 속으로 스며들게 만드는 것이다.

나는 후자가 옳다고 믿는다. 후자야말로 예수님이 가르치신 복음이다. 후자야말로 실제로 역사를 변화시킨 복음이다.

자, 구원받는다는 건 무엇인가? 이 책의 끝에서 이 책의 제목이기도 한 "내가 구원받았는지 어떻게 알 수 있는가?"라는 질문에 나름대로 최대한 짧고 명쾌하게 답하겠다. 하지만 우선 다음 생각으로 시작해 보자.

생각
둘

이런 게
구원인 줄
알았습니다만

무엇이 구원인지를 살피기에 앞서 무엇이 구원이 아닌지부터 정확히 알고 넘어가야 한다.

집집마다 찾아다니면서 전도를 하는 어느 대학의 학생들에 관한 오래된 이야기가 있다. 한 집의 문을 두드렸더니 반쯤 혼이 나간 아주머니가 문을 열어 주었다. 그녀는 한 손에는 어린아이를 안고 다른 손으로는 진공청소기를 돌리고 있었다. 집 안을 들여다보니 어디선가 갓난아기 우는 소리가 시끄럽게 들리고, 또 다른 아이는 크레용으로 벽에 낙서를 하고, 가스레인지 위에서는 냄비가 끓고, 한쪽 구석에는 빨래감이 산더미처럼 쌓여 있었다.

"아주머니, 영생에 관심이 있으세요?"

한 학생이 묻자 그녀는 땅이 꺼져라 한숨을 내쉬었다.

"보세요, 학생 같으면 이렇게 영원히 살고 싶겠어요?"

말은 그렇게 했지만 그녀가 문을 꽝 닫아 버리지는 않았으니 아마도 학생들은 어떻게든 복음을 전했을 가능성이 높다. 왜일까? 많은 사람들, 특히 크리스천들은 복음을 '한번 듣고 받아들이면 천국행이 보장되는 소식'쯤으로 생각하기 때문이다. 다시 말해, 옳은 것들 즉 예수님이 하나님의 아들이시고 우리 죄를 사하기 위해 십자가에서 죽으셨다는 사실을 믿기만 하면 죽어서 천국에 간다고 한다.

영화 〈몬티 파이튼의 성배〉(Monty Python and the Holy Grail)의 클라이맥스에서 아서왕과 그 기사들이 그토록 찾아 헤매던 성에 마침내 들어가는 장면이 떠오른다. 그들과 성 사이에는 끝없는 심연이 놓여 있고, 주름이 쭈글쭈글한 다리지기가 그 심연 위에 놓인 유일한 다리를 지키고 있다. 다리지기의 질문에 제대로 답하면 그 다리를 건널 수 있고, 답하지 못하면 심연 아래로 던져질 운명이다.

오늘날 많은 사람이 구원을 이런 식으로 생각한다. 사람이 죽으면 성(천국)에 들어가거나 심연(지옥)에 빠지며, 구원은 다리를 건너기 위한 옳은 답을 아는 것이다. 하지만 예수님은 구원을 이런 식으로 이야기하신 적이 없다. 예수님은 "나에 관한 옳은 것들을 믿으면 죽어서 천국에 가게 해 주겠다"고 말씀하신 적이 없다.

사실, 신약 전체에서 예수님은 '영생'을 단 한 번만 아주 분명하게 정의하셨는데, 안타깝게도 오늘날 이 정의를 아는 사람은 별로 없다. "영생은 곧 유일하신 참 하나님과 그가 보내신 자 예수 그리스도를 아는 것이니이다"(요 17:3).

영생 = 하나님을 아는 것

보다시피 예수님은 하나님에 관해서 아는 것이라고 말씀하시지 않고 하나님을 아는 것이라고 하셨다. 둘의 차이가 무엇인가? 많은 사람이 하나님에 관해서 안다. 심지어 무신론자들도 하나님에 관해서 안다. 하지만 예수님이 말씀하신, 하나님을 아는 것은 완전히 차원이 다르다.

하나님을 아는 것은 은혜의 선물로 내가 그분의 사랑하는 친구가 되었다는 사실을 아는 것이다. 하나님을 아는 것은 풍성한 삶, 매 순간 감사로 흠뻑 젖은 삶, 하나님과 늘 동행하는 삶이다. 하나님을 아는 것은 평범한 일상의 소소한 사건과 일, 난관 속에서 바울이 말한 "그 부활의 권능"(빌 3:10)을 아는 것을 의미한다.

하나님을 아는 것은 우리 삶의 매 순간이 하나님과 동행할 기회, 하나님과 대화할 기회, 하나님을 즐길 기회, 하나님께 의지할 기회, 하나님께 감사할 기회, 하나님이 필요함을 느낄 기회, 하나님을 섬길 기회, 하나님 안에서 쉴 기회라는 사실에 깨어나는 것을 의미한다. 가장 좋은 소식은 하나님이 이미 이곳에 계신다는 것이다. 그저 우리는 그분을 맞아들여 함께 시간을 보내면 된다.

도움이 필요하면 그분께 아뢰라. 그러고 나서 하나님이 주실 힘과 지혜, 좋은 아이디어를 기대하며 기다리라. 기쁠 때는 그런 기쁨을 주신 하나님의 선하심을 기억하며 찬양하는 시간을 가지라. 아름다운 것을 보면 그것이 하나님의 솜씨임을 알아보고 감사를 드리라. 세상을 하나님의 시각에서 볼 수 있는 눈을 날마다 더 열어 달라고 기도하라. 하나님께 그분의 경험을 공유하게 해 달라고 요청하라. "아버지, 이 사람을 볼 때 어떤 느낌이 드십니까? 이 나무를 창조하실 때 무엇을 생각하셨습니까? 주님이 창조하신 천지의 광활한 아름다움을 보시면서 얼마나 기쁘십니까?"

하나님과 연결되기를 늘 갈망하는 사람들은 가장 뜻밖의 장소에서 그분을 발견하는 경향이 있다. 성 이냐시오(St. Ignatius)는 모든 것에서 하나님을 발견했다고 말했다. 프랭크 루박(Frank Laubach) 선교사는 "분 게임"(game with minutes)이라는 방식을 사용했다. 그 게임의 목표는 "최소한 60초마다 한 번씩 하나님을 떠올리는" 것이었다.[2] 그런가 하면 17세기 카르멜회 수사 로렌스 형제(Brother Lawrence)는 다음과 같은 방식을 사용했다.

> 일하는 내내 하나님이 바로 옆에 계신 것처럼 끊임없이 그분께 말을 걸면서 내 일을 그분께 드리고 그분의 도우심에 감사를 드렸다. 일을 마치고 나서는 철저히 반성했다. 그래서 잘한 점을 발견하면 하나님께 감사했다. 실수를 찾으면 낙심하는 대신 용서를 구하고 나서 여전히 하나님 안에 거하면서 일을 계속했다.[3]

바로 이것이 영생이다. 영생은 죽은 뒤에야 보험금을 받는 보험증서가 아니요 훗날 천국의 한자리를 보장해 주는 마법의 면책특권도 아니다. 영생의 열쇠는 옳은 답을 알거나 교회에서 옳은 교리를 고백하는 것이 아니다. 영생은 성부와 성자와 성령 사이에서 이루어지는 더없이 풍성하고도 기쁨 넘치는 교제다.

영생의 열쇠는 하나님을 아는 것이다. 평범한 일상의 한복판에서 그분의 특별한 임재에 깨어나는 것이다. 하나님과의 친밀한 관계를 가로막는 장애물들을 없애고 세상과 온 인류를 그분의 눈으로 보며 그분의 사랑과 보호 안에 거하는 것이다. 영생의 열쇠는 한 번에 하나의 선택씩, 한 번에 한 순간씩 예수의 삶이 우리 삶에 스며들게 하는 것이다. 바로 이것이 구원받는다는 의미다.

'영접 기도문'만
잘 따라 읽으면
끝이라고
들었는데

구원에 관한 또 다른 흔한 오해 가운데 하나는 영접 기도문을 따라 읊기만 하면 구원받는다는 생각이다. 그러나 성경 어디에서도 그런 기도를 찾을 수 없다. 또 다른 문제점은 그 마법의 기도를 드린 뒤에도 기대했던 극적인 내적 변화를 전혀 느끼지 못하는 사람이 많다는 것이다. 혹시 자신이 기도를 잘못 드린 것이 아닌가 싶어 다음 날 밤에도, 다음 주에도, 다음 해에도 그 기도를 반복해 보지만 아무런 변화의 조짐도 없다. 결국 '난 천국에 들어갈 수 없는 사람인가 봐' 하며 깊은 좌절감에 빠진다.

그들이 기도를 잘못 드린 것이 아니다. 문제는 그들이 구원을 너무도 편협하게 정의 내렸다는 것이다. 그들은 매 순간 예수님께 생명을 받는 것이 아니라 자신의 천국 지원서가 통과되는 것으로 구원을 정의한다. 이런 관점의 가장 큰 문제점은 천국에 들어가기 위한 최소한의 조건을 믿는 것으로 구원의 의미가 변질된다는 것이다.

예수님이 이렇게 가르치시는 것이 상상이 가는가? "내 가르침을 믿는 것은 선택 사항이다. 내가 네 삶을 너보다 더 잘 운영할 수 있다고 믿고 네 삶을 내게 맡기는 것은 어디까지나 네 선택에 달렸다. 내 죽음이 네 죗값을 치렀다는 사실만 믿으면 내가 말한 대로 하지 않아도 너의 천국행에는 아무런 문제가 발생하지 않는다."

혹은 예수님이 산상수훈에 '구원에 관한 단서'를 덧붙이신다고 상상해 보라. "내 말을 듣고 실천하는 모든 사람은 반석 위에 집을 짓는 지혜로운 사람과 같다. 하지만 나의 이런 말을 듣고 실천하지 않는 모든 사람은 모래 위에 집을 짓는 어리석은 사람과도 같다. 하지만 혹시 너희가 오해할지 몰라 말하면, 내 죽음이 네 죗값을 치렀다는 사실만 믿으면 꼭 내가 하라는 대로 하지 않아도 천국에 가는 데는 지장이 없다."

예수님이 이런 생각을 하신다니! 이는 있을 수 없는 일이다. 구원하는 믿음은 내가 은혜를 힘입어 지금 이 땅에서부터 은혜를 통해 그리스도와 상호작용하는 삶에 참여하도록 해 주는 믿음이다. 이렇게 시작한 삶은 죽음조차도 중단시킬 수 없다.

또 다른 예를 생각해 보자. 이번에는 좀 더 세상적인 예다. 내가 항공사 마일리지 프로그램에서 우수 이용 회원이 되어 "우수 회원을 유지하기 위해 충족시켜야 할 최소한의 조건은 무엇입니까?"라고 묻는다고 해 보자. 이것은 아주 합당한 질문이다. 내가 원하는 혜택과 내가 어떤 사람이 되느냐는 전혀 상관이 없기 때문이다. 누구나 더 좋은 자리와 더 좋은 기내식, 리넨 냅킨, 레드 카펫을 원한다. 우수 회원은 객관적이고 법적으로 주어진 자격이다. 항공사는 내가 최소 조건을 충족시키는지 확인하기 위해 계속해서 나의 자사 항공사 사용량을 추적한다.

하지만 내가 결혼식장에서 아내에게 이렇게 말한다고 생각해 보라. "궁금한 게 있어요. 내가 당신과 결혼생활을 유지하기 위해 지켜야 할 최소한도는 뭔가요? 당신이 용인해 줄 수 있는 헌신의 하한선은 어디까지지요? 내가 가정을 등한시하는 것을 어느 정도까지 봐줄 수 있겠어요? 그러니까 내가 남편 자격을 유지하기 위해 충족시켜야 할 최소 조건은 뭐예요?"

이랬다가는 질문들이 채 끝나기도 전에 그 결혼식은 깨져 버릴 것이다. 하나님이 뜻하신 결혼은 단순히 법적 지위가 아니다. 결혼은 개인적이고 영적이며 관계적인 현실이다. 관계 자체가 결혼으로 얻는 혜택이다. 모두가 결혼하기를 원하는 것이 아니다. 결혼은 정절, 다른 모든 성적 파트너를 포기하는 것, 서로에게 모든 것을 공개하는 것, 섬김, 헌신, 하다못해 리모컨 포기까지 요구한다.

결혼 상태를 유지하기 위한 최소 조건이 있을까? 물론 있다. 그 한계를 지키지 못해 매일같이 전 세계에서 수많은 가정이 파탄난다. 하지만 그런 최소 조건은 처음부터 다 알 수 있는 것이 아니며 그것들을 지킬지는 마음에 달려 있다. 상대방을 진정으로 원하면 최소 조건은 저절로 지켜진다. 반면, 상대방을 전혀 원하지 않으면 최소 조건 따위를 지킬 리가 없다.

성경에서 기술한 구원은 항공 마일리지에 따른 지위보다는 결혼에 더 가깝다.

'은혜로'
구원받는다는 건
아무것도
할 필요 없다는
뜻인가

물론 우리는 은혜로 구원을 받는다. 아니, 은혜로 구원을 받아야 한다. 왜냐하면 하나님의 은혜가 없이는 우리는 철저히 망가진 상태이기 때문이다. 우리의 망가진 삶은 외적인 문제와 내적인 문제 두 범주로 나눌 수 있다. 외적인 문제는 돈, 재물, 직업, 건강, 관계 같은 것들이다. 내적인 문제는 자아, 중독, 가라앉을 줄 모르는 정욕, 질투, 냉담, 기만 같은 것들이다.

성경에서 제시한 구원은 '나'라는 존재의 거대한 혼란의 도가니에서 구조되는 것이다. 인간의 문제 중에서 하나님이 구속하기를 원하시지 않는 문제는 없다. 하지만 성경 기자들이 우리가 가진 가장 깊은 문제로 지적하는 것은 바로 인간의 내적 혼란이다. 구원은 단순히 우리가 내린 잘못된 선택들의 결과에서 건짐받는 것이 아니다. 구원은 더 나은 상황으로 구조되는 것을 의미하지 않는다. 구원은 변화되는 것이다. 구원의 핵심은 죽어서 좋은 곳으로 가는 것이 아니라 좋은 사람이 되는 것이다.

우리는 내면의 분노와 절망, 정욕, 탐욕, 교만, 자아에서 구원을 받아야 한다. 우리의 속사람이 변화되지 않으면 외적인 장소는 별로 중요하지 않다. 이런 내적 변화,

즉 죄의 중독에서 구원을 받는 것이 바로 "은혜로 구원받는" 것의 핵심이다. 우리가 받는 모든 에너지와 생명은 은혜의 선물이다.

영생은 우리가 노력으로 얻을 수 있는 것이 아니다. 영생은 어디까지나 거저 받는 선물이다. 단, 영생으로 자라 가는 것은 적극적인 과정이다. 그래서 달라스 윌라드는 "은혜는 '노력'에 반대하는 것이 아니라, '노력으로 얻는 것'에 반대한다"라고 말했다.[4]

성경이 말하는 구원은 단순히 최소 조건을 충족시키는 것 이상이다. 성경이 말하는 구원은 은혜를 힘입어 우리의 생각과 바람, 뜻, 행동이 끝없이 구속되는 것이다. 도움이 될 만한 비교를 한 가지 해 보자. 알코올의존증으로 고생하는 사람들이 모인 모임에서 열두 번째이자 마지막 단계는 '영적 깨어남'에 관한 것이다.

> 남자나 여자가 영적으로 깨어난 것의 가장 중요한 의미는 전에는 혼자 힘으로는 하고 느끼고 믿을 수 없던 것을 이제는 하고 느끼고 믿을 수 있게 된 것이다. 이제 그는 새로운 의식과 존재 상태에

해당하는 선물을 받았다. 그는 실제로 전진하는
길 위에 있다. 이제 그의 삶은 막다른 길이 아니다.
이제 그의 삶은 견디거나 길들여야 할 것이 아니다.
매우 실질적인 의미에서 그는 변화되었다.[5]

구원도 비슷하게 작용한다. 사도 바울의 말을 들어
보자.

> 잠자는 자여 깨어서 죽은 자들 가운데서 일어나라
> 그리스도께서 너에게 비추이시리라.
> 에베소서 5장 14절

우리가 그리스도의 빛을 보는 정도가 아니다. 그분의
생명이 우리를 새로운 삶의 가능성에 깨어나게 만든다.
인생의 밑바닥을 치면 자신의 인격적 흠이 적나라하게
보일 뿐 아니라 예수님과 함께하는 새로운 삶의 가능성
이 보인다. 이런 영적 각성을 통해 우리는 단순히 그리스
도의 빛을 볼 뿐 아니라 그 빛의 일부가 될 수 있다.

> 너희는 세상의 빛이라 …… 너희 빛이 사람 앞에
> 비치게 하여 그들로 너희 착한 행실을 보고 하늘에
> 계신 너희 아버지께 영광을 돌리게 하라.
>
> 마태복음 5장 14-16절

보다시피 예수님은 우리의 빛이 사람 앞에 비치게 더 노력하라고 말씀하시지 않았다. 등불은 굳이 노력할 필요가 없다. 등불 안에서 일어나는 일로 자연스럽게 빛이 난다. 이 부분에서 정말 많은 사람이 하나님을 오해한다. 그들은 이렇게 생각한다. '하나님은 저 위에 계시고, 나는 매일 하는 온갖 일들에 더해서 하나님을 기쁘시게 하기 위해 무언가를 또 해야 한다.'

하지만 요한복음 15장 5절에서 예수님은 말씀하신다. "나는 포도나무요 너희는 가지라 그가 내 안에, 내가 그 안에 거하면 사람이 열매를 많이 맺나니 나를 떠나서는 너희가 아무것도 할 수 없음이라."

우리는 가지이며 가지의 역할은 열매를 맺는 것이 아니다. 포도나무 가지의 역할은 포도나무에서 계속해서 생명을 받는 것이다. 열매는 하나님 안에 거하는 삶의 자연스러운 부산물이다. 더 빛나기 위해 아무리 노력한다 해도 우리가 노력해서는 죽었다 깨어도 더 빛날 수 없다. 옳은 열매를 맺으려는 노력으로는 절대 옳은 열매를 맺을 수 없다. 옳은 것을 말하고 행하려는 노력으로는 절대 옳은 것을 말하고 행할 수 없다. 율법에 순종하려는 노력으로는 절대 율법에 순종할 수 없다.

이것이 바울이 이렇게 말한 이유다. "항상 복종하여 두렵고 떨림으로 너희 구원을 이루라 너희 안에서 행하시는 이는 하나님이시니 자기의 기쁘신 뜻을 위하여 너희에게 소원을 두고 행하게 하시나니"(빌 2:12-13).

사실, 우리는 은혜의 의미를 단순한 죄 용서로 축소시킬 때가 너무도 많다. 하지만 하나님은 우리가 죄를 짓기 전에도 은혜로우셨다. 우리는 주로 우리 안에서 우리 스스로 할 수 없는 것을 해 주시는 하나님의 능력인 은혜를 경험한다. 베드로는 우리가 은혜에서 자라 가야 한다고 말했다(벧후 3:18 참조). 이는 '죄 용서에서 자라 가라'는 뜻이 아니다. 이는 사랑과 섬김의 삶을 살기 위해 내 힘으로 노력하지 않고 하나님의 권능에 점점 더 의지해야 한다는 뜻이다.

교인들 중에는 낚시 광고에 속았다고 생각하는 사람들이 많다. 그것은 크리스천이 되거나 구원을 받기 위해 아무것도 할 필요가 없다는 말을 듣고 교회에 찾아왔기 때문이다. 때로 우리는 구원을 '하다'와 '이루어졌다'라는 두 단어로 정의한다. 다른 종교들은 무언가를 '하라'고 요구하는 반면, 기독교는 구원이 우리를 위해 이미 '이루어진' 일이라고 말한다. 사람들은 구원받기 위해서 아무것도 할 필요가 없다는 말을 듣고 안심한다.

그런데 다음 주에 교회에 오니 교회에서 자꾸만 무언가를 하라고 한다. 가난한 사람들에게 베풀고 아픈 사람들과 소외된 사람들, 노인을 돌보기 위해 시간과 돈과 재물을 아낌없이 주저 없이 내놓으라고 한다. 용서에 감사하는 표시로 그렇게 해야 한다고 가르친다. 그런데 그런 가르침은 '순종'이 예수님을 따르는 사람으로서 자연스러운 삶의 방식이 아니라 하나님을 위해서 무언가를 하는 것이라는 치명적인 인식을 심어 줄 수 있다.

우리가 하나님의 사랑을 '얻기' 위해 할 수 있는 것은 아무것도 없다. 하지만 우리의 '행함'을 변화시키지 않는다면 그것은 구원이 아니다. 우리는 하기 싫은 선한 일을 더 열심히 하도록 부름받지 않았다. 우리의 변화된 내적 삶에서 선한 일이 자연스럽게 흘러나오도록 예수님과 연합하여 살도록 부름받았다. 우리를 예수님을 따르는 '제자'로 부르셨다.

'크리스천'이
되었다는 게
구원받았다는 말
아닌가

답은 '크리스천'이라는 단어를 어떻게 정의하느냐에 따라 다르다. 코네티컷대학교(University of Connecticut) 사회학자 브래드 라이트(Brad Wright)는 크리스천을 정의하면서 '특정한 교리들을 믿거나 특정한 교단이나 교회에 속한 사람'으로 이야기한다.

일부 사람들은 '크리스천'에 대한 정의를 매우 독하게 내린다. 앤디 스탠리(Andy Stanley)는 크리스천에 대해 다음과 같이 이야기했다. "많은 사람이 크리스천을 공룡이 존재했음은 믿지 않고 자신들만 천국에 간다고 믿으며 자신들 외에 나머지 모든 사람이 지옥에 간다는 사실을 은근히 즐기는 도덕주의자요 동성애 공포증 환자, 과학에 반대하는 비판적인 고집쟁이들로 정의한다."

흥미롭게도 많은 역사학자들이 크리스천을 정의할 때 에이브러햄 링컨(Abraham Lincoln)을 중요한 판례 가운데 하나로 삼는다. 실제로 역사학자들은 그가 크리스천이었는지 아니었는지를 놓고 1800년대부터 오랜 논쟁을 벌여 왔다. 이 주제에 관한 책에서 마이클 버키머(Michael Burkhimer)는 우리가 링컨의 신앙을 판단하기 전에 먼저 "크리스천이라는 것이 무엇을 의미하는가 하는 본질적인

질문"을 던져야 한다고 말한다. 또한 그는 대부분의 저자
와 역사학자들이 세 가지 핵심적인 믿음을 기준으로 사
용한다는 점을 지적한다.

- 예수님은 신이며 삼위일체의 한 위이시다.
- 그리스도가 세상 죄를 위해 돌아가셨다.
- 이 교리를 믿는 것이 구원을 얻는 데 반드시
  필요하다.

버키머는 이것이 지나친 단순화이지만 "거의 모든 사
람이 익숙해 있는 기초다"라고 말한다.[6]

그런데 정작 성경은 '크리스천'이라는 단어를 중대하
게 정의하지 않는다. 예수님은 "자, 크리스천이 되는 법
을 알려 주마"라고 말씀하신 적이 없다. 예수님은 크리스
천이 어떤 사람인지를 설명하신 적이 없다. 심지어 예수
님 자신이 크리스천이 아니셨다. 예수님은 유대인이셨
다. 예수님은 제자들에게 "온 세상에 가서 '크리스천'을
삼아라"라고 말씀하시지 않았다. 예수님은 온 세상에 가
서 제자를 삼으라고 명하셨다.

성경은 '제자'라는 표현을 269번 사용한다. 반면에 '크리스천'(그리스도인)이라는 표현은 신약 전체에서 고작 세 번밖에 등장하지 않았으며, 그나마 그것은 예수님의 제자들을 유대교 내의 한 종파로 취급하기에는 인종적으로 너무 다양해져 갔기 때문에 나온 표현이었다. 달라스 윌라드의 책 《영성 훈련》(The Spirit of the Disciplines, 은성 역간)에 따르면 "신약은 제자들에 관한, 제자들에 의한, 제자들을 위한 책이다."[7]

그렇다면 제자는 크리스천과 어떻게 다른가? 교회 안팎에서 많은 사람이 크리스천을 최소 자격의 복음을 믿는 사람으로 생각한다. 즉 크리스천은 옳은 것들을 믿기 때문에 구원을 받은 사람들, 죽어서 천국에 들어가는 사람들이다. 하지만 최소 자격의 복음을 디트리히 본회퍼(Dietrich Bonhoeffer)는 "값싼 은혜"로 부른다. 그의 설명을 들어 보자.

> [값싼 은혜]에 따르면, 크리스천으로서 내 유일한
> 의무는 주일 아침에 한 시간 남짓 세상을 떠나
> 교회에 가서 내 모든 죄가 용서받았다는 확신을

얻는 것뿐이다. 더 이상 그리스도를 따르려고 애쓸 필요가 없다. 제자도의 가장 지독한 적인 값싼 은혜, 진정한 제자들이 가장 혐오하는 값싼 은혜가 나를 그 필요성에서 해방시켰기 때문이다.[8]

하지만 예수님은 "나에 관한 옳은 교리들을 믿으면 네가 죽어서 천국에 가게 해 주겠다"라고 말씀하신 적이 없다. 예수님의 복음은 그보다 훨씬 더 크고 넓고 값비싸고 매력적이다. 그분의 복음은 인생을 송두리째 변화시키고 한없이 겸허해지게 만든다.

예수님의 복음은 영생(하나님과 함께하는 삶, 하나님을 위한 삶, 하나님의 보호 아래 있는 삶, 하나님의 능력으로 사는 삶)이 지금 가능하다는 것이다. 이 삶을 원하면 예수님의 제자(학생, 도제, 따르는 자)가 되어야 한다.

도제(apprentice)는 기술의 대가와 함께 일하면서 그에게서 대가가 되는 법을 배우기로 결심한 사람이다. 신약에서 제자라는 단어는 원래 기술을 배우는 도제의 의미로 자주 사용하는 단어였다. 그것은 특별히 교회에서 영적 엘리트들을 가리킬 때만 쓰는 단어가 아니다. 누구나 도제가 될 수 있다. 도제에게 중요한 것은 도제 자신의 기술이 아니라 스승의 능력이다.

사이먼 사이넥(Simon Sinek)은 한 테드 토크(TED talk)에서 '황금원'이라는 개념을 설명했다.[9] 어떤 회사나 운동이든 세 개의 동심원을 갖고 있다. 가장 바깥쪽 원은 '무엇'이다. 즉 무엇을 만들거나 할지가 바깥쪽에 위치한다. 그 안의 작은 원은 '어떻게'다. 즉 그것을 어떻게 만들거나 할지가 안쪽에 위치한다.

대개는 조직의 모든 구성원이 '무엇'을 안다. 그리고 대부분의 사람이 '어떻게'를 안다. 하지만 가장 안쪽의 세 번째 원 곧 황금원에 있는 것을 아는 사람은 극소수다. 이 원에는 '왜'가 담겨 있다.

교회의 '무엇'은 제자 혹은 도제를 만들어 내는 것이다. '어떻게'는 예수님과 함께하면서 그분에게서 그분처럼 사는 법을 배우는 것이다. 영적 훈련, 고난 같은 경험, 성령의 인도하심을 통해 그렇게 할 수 있다. 그렇다면 '왜'는 무엇일까?

달라스 윌라드는 '왜'를 이렇게 정의한다. "인간의 삶에서 예수님의 도제 훈련으로 풀 수 없는 문제는 없다."

인간 세상에는 어떤 문제들이 있는가? 탐욕, 두려움, 인종차별, 불의, 이혼, 성폭력, 무시, 오염, 고통, 중독, 거부, 원한, 폭력, 냉담, 슬픔, 전쟁, 죽음……

인간의 문제들은 인간의 수단과 본성으로 절대 해결할 수 없다. 오히려 인간의 본성이 우리가 가진 가장 큰 문제다. 세상에는 기술이 해결할 수 없는 문제가 많다. 세상에는 교육이 해결할 수 없는 문제가 많다. 세상에는 돈이 해결할 수 없는 문제가 많다. 세상에는 종교가 해결할 수 없는 문제가 많다.

하지만 인간 삶에서 예수님의 도제 훈련으로 풀 수 없는 문제는 없다. 우리의 죄 용서는 물론 사후에 하나님과 영원히 함께하는 삶의 문제도 해결될 뿐 아니라 지금 여기서부터 우리 존재의 모든 면이 회복되기 시작한다. 이것이 디트리히 본회퍼가 이렇게 쓴 이유다. "은혜와 제자도는 서로 떼려야 뗄 수 없다. …… 제자도란 [어려운 것이 아니라-옮긴이] 단순히 은혜에서 비롯하는 삶이고, 따라서 은혜가 곧 제자도라는 사실을 아는 자들은 행복하다."[10]

예수님의 복음은 예수님의 도제로서의 삶을 온전히 보여 주는 복음이다. 은혜로, 믿음을 통해 다가올 세상에서만이 아니라 이 세상에서도 그 삶을 누릴 수 있다. 예수님의 복음은 태초 이래 인간이 받은 가장 위대한 초대다. 우리 삶에서 예수님의 도제 훈련으로 풀 수 없는 문제는 없기 때문이다.

어떻게 하면
'제자'가 되는가

예수님께 직접 답을 들어 보라. "아무든지 나를 따라오려거든 자기를 부인하고 날마다 제 십자가를 지고 나를 따를 것이니라"(눅 9:23).

"나를 따르라." 이는 역사상 가장 위대한 초대요 인생을 가장 크게 변화시키는 초대다. 예수님은 "내게 순종하라"고 말씀하시지 않았다(물론 순종이 그분을 따르는 삶의 일부이긴 하지만). 예수님은 "나에 관한 옳은 것을 믿으라"고 말씀하시지도 않았다(물론 예수님의 모든 말씀이 옳다고 믿는 것이 그분을 따르는 삶의 일부이긴 하지만). 예수님은 "나를 섬기라"고 말씀하시지도 않았다(물론 그것이 우리의 가장 큰 목적이긴 하지만).

예수님은 그저 우리를 그분과의 동행으로 초대하신다. 정말 단순하지 않은가? 실제로 예수님이 제자들과 얼마나 자주 동행하셨던지 신약에서 '예수님과의 동행'은 제자 훈련을 지칭하는 주된 표현이 되었다.

예수님을 사랑하는 것은 곧 그분과 동행하는 것을 의미한다. 이는 지금도 마찬가지다. 수 세기 동안 예수님과의 동행을 기술하기 위한 주된 방법은 그것을 특정한 단계들로 나누는 것이었다. 우리는 하나님이 우리의 삶에서 역사하시는 방식을 특정한 역학들로 나누어 왔다.

첫 번째 단계는 '깨어남'이라고 부른다. 기본적으로 깨어남은 평범한 일상에서 하나님의 특별한 임재를 의식하게 되는 것이다. 내 자녀들이 어릴 적에 좋아했던 한 그림책을 생각하면 이해하기 쉽다. 《월리를 찾아라》(Where's Waldo?)라는 책이었는데 그 책의 페이지마다 정신없이 복잡한 배경 속 어딘가에 월리라는 주인공이 숨어 있었다. 페이지를 넘길수록 그를 찾기가 점점 더 어려워졌다.

어떤 상황에서도 하나님을 알아보는 능력은 '월리 찾기'처럼 습득되는 기술이다. 때로는 하나님을 놓치기가 어렵고 때로는 쉽다. 하지만 하나님은 언제나 우리 곁에 계신다. 이 하나님을 알아보고 "제가 지금 여기서 무엇을 하기를 원하십니까?"라고 묻는 것이 바로 그분에 대해 깨어나는 것이다.

두 번째 단계는 '정화'라고 부른다. 이 단계는 하나님에게서 멀어지게 만드는 나의 모든 행동을 깨닫고 고백하며 그것을 없애 달라고 기도하고 그것에서 해방되기 위한 활동에 참여하는 것이다.

성공에 집착하는가? 거짓말을 너무 자주 해서 이제는

자신이 거짓말을 하는지조차 인식하지 못할 지경에 이르렀는가? 냉소적인 태도가 깊이 뿌리를 내려 입만 열면 다른 사람들을 비판하는가? 부부 사이에 깨가 쏟아지거나 자녀를 좋은 학교에 보내거나 좋은 직장에 다니는 사람만 보면 질투와 분노가 솟아나는가?

정화는 자유를 얻기 위한 것이다. 예수님께 죄를 고백하고 그 죄에서 벗어나게 해 달라고 요청하면 한때 우리의 주인이었던 욕구들이 종이라는 본래 자리로 돌아간다. 그렇게 되면 늘 죄가 아닌 하나님을 생각할 자유가 찾아온다.

세 번째 단계는 '깨달음'이다. 깨달음은 다르게 보고 다르게 생각하게 되는 과정을 의미한다. 예수님의 심상 지도(mental map)를 얻어 그분의 눈으로 세상을 보는 것을 의미한다. 헬렌 켈러(Helen Keller)의 자서전만큼 깨달음의 의미를 잘 보여 주는 것도 없는 것 같다.

우리는 우물 쪽으로 걸어갔다. …… 누군가가 물을 길었고, 선생님이 물이 흘러나오는 관 아래에 내 손을 놓았다. 차가운 물이 한쪽 손에 쏟아지자

선생님은 다른 손에 '물'이라고 썼다. 처음에는
천천히 쓰더니 그다음에는 빨리 썼다.

나는 손가락 사이의 움직임들에 온 신경을 집중한
채 가만히 서 있었다. 잊고 있던 무언가에 관한
어렴풋한 의식이 갑자기 살아났다. 무언가가 다시
생각날 때의 쾌감이 느껴졌다. 그리고 언어의
신비가 깨달아졌다.

그때 나는 '물'이 내 손 위를 흐르는 차갑고 놀라운
무언가를 의미한다는 것을 알았다. 그 살아 있는
단어가 내 영혼을 깨우고 내 영혼에 빛과 희망,
기쁨을 주었으며 내 영혼을 해방시켰다! …… 나는
배움의 열정으로 가득 차서 그 우물을 떠났다. 모든
것에 이름이 있었고 모든 이름이 새로운 생각을
탄생시켰다. 집으로 돌아오는 내내 내가 만지는
모든 물체가 생명으로 전율하는 것만 같았다.

그것은 내가 모든 것을 이상하고도 새로운 눈으로
보게 되었기 때문이다.[11]

헬렌 켈러는 내내 혼자였지만 이제는 혼자가 아니었

다. 그녀는 지금껏 자기 마음에 갇혀 있었지만 이제 해방
되었다. 그녀는 자신이 쓸모없는 존재라고 여겨 왔지만
이제 수많은 사람에게 용기를 줄 위대한 목적을 얻었다.
그녀의 세상에 마침내 꽃이 피었다. "그 살아 있는 단어
가 내 영혼을 깨우고 내 영혼에 빛과 희망, 기쁨을 주었
으며 내 영혼을 해방시켰다!" 이것이 깨달음이다.

마지막 단계는 '연합'이라고 부른다. 이 단계에서 우
리는 "내 안에 거하라 나도 너희 안에 거하리라"(요 15:4)는
예수님의 말씀이 의미하는 삶을 살기 시작한다. 그분의
임재가 단순한 개념이 아닌 현실이 된다. 이는 그분이 언
제 어디서나 그분의 생각을 내게 전해 주실 수 있다는 뜻
이다. 이는 그분이 늘 내 뜻 안에 계셔서 내가 하루 종일
그분의 뜻에 항복할 수 있다는 뜻이다. 그리스도와의 연
합은 내가 나의 거짓되고 숨은 옛 자아를 버리고 예수님
을 닮아 가는 삶을 살게 된다는 뜻이다.

깨어남, 정화, 깨달음, 연합의 네 단계가 직선적인 과
정이 아니라는 점을 이해하는 것이 매우 중요하다. 사람
이 아기에서 시작해 아동기와 청소년기를 거쳐 어른이
되는 것과 달리 이 과정은 새로운 단계에 접어든다고 해

서 이전 단계가 완전히 끝나는 것이 아니다. 이 단계들은 계절들이나 알코올의존중자 모임의 열두 단계와 더 비슷하다. 즉 어떤 단계도 완전히 끝나지 않는다. 배우고 다시 배우는 과정이 계속해서 반복된다.

토머스 머튼(Thomas Merton)은 기도에 관해 이렇게 말했다. "우리는 [기도의] 초심자가 되기를 원하지 않는다. 하지만 우리는 평생 초심자일 수밖에 없다는 사실을 분명히 알자!"[12]

비단 기도뿐만이 아니라 영적 삶 전체에 그렇다. 영적 삶의 목표는 단계들을 '통과하는' 것이 아니다. 중요한 것은 하나님을 향해 가는 위대한 여행이 계속되도록 매 순간 작은 발걸음을 내딛는 것이다.

"매일 자기 십자가를 지고 나를 따르라."

바로 이것이 제자도의 처음이자 끝이다.

누가 제자이고
누가 아닌지
어떻게
아는가

사람의 가장 큰 욕구 가운데 하나는 누가 자신이 속한 집단 '안'에 있고 누가 '밖'에 있는지 아는 것이다. 특히 우리는 "누가 크리스천이고 누가 크리스천이 아닌가?"라는 질문의 답을 듣고 싶어 한다.

안타깝게도 오늘날 많은 크리스천들이 '자신과 같은 교리를 고백하지 않는 사람들에게 배타적인 무리'라는 비난을 받는다. 하지만 예수님의 가장 놀라운 특징 가운데 하나는 '밖'에 있는 사람들을 대하는 모습에서 찾아볼 수 있다. 예수님은 남들이 피하는 사람들을 환대하셨고 전혀 뜻밖의 사람들을 '안'에 있는 자들로 선포하여 주변 사람들을 충격의 도가니에 빠뜨리셨다.

사실, 예수님은 무엇보다도 이런 행동들 때문에 자주 곤란에 처하셨다. 즉 그분은 스스로 안에 있다고 확신한 사람들 즉 종교 지도자들과 바리새인들에게 밖에 있으니 조심하라고 경고하시고, 모두가 밖에 있다며 손가락질하는 사람들 그러니까 당시 사마리아인과 나병 환자, 세리, 창녀, 이혼녀들을 마치 안에 있는 사람들처럼 대하셨다. 예수님의 목표는 사람들이 들어오지 못하도록 막는 것이 아니라 오히려 사람들을 끌어오는 것이었다. 예수님은 경계가 아닌 중심에 초점을 맞추셨다.

나의 스승 폴 히버트(Paul Hiebert)가 이와 관련해서 도움이 될 만한 글을 쓴 적이 있다. 그 글에서 그는 어떤 대상을 규명하는 방식을 크게 두 가지로 나눌 수 있다고 말했다.[13]

한 가지 방식은 '유계집합'(bounded set)이다. 유계집합에서는 경계를 명확히 정해서 모든 것을 그 경계에 따라 판단한다. 예를 들어 세 면과 세 꼭짓점을 가진 기하학적 모양이라는 최소 조건을 만족시켜야 삼각형이라고 판단한다. 그렇다면 원은 삼각형이 될 수 없고 삼각형은 원이 될 수 없다. 또한 원은 삼각형으로 변해 가지 않고 삼각형은 원으로 변해 가지 않는다. 각 대상은 집합의 기준을 만족시키거나 만족시키지 못하거나 둘 중 하나만 할 수 있다. 그래서 유계집합의 구성은 정적(靜的)이다.

다른 방식은 '중심집합'(centered set)이다. 이 집합에서는 경계가 아니라 중심을 향하고 있는지에 따라 대상을 정의한다. 이 집합은 역동적이고 유동적이다. 예를 들어 '머리가 벗어진 사람들'을 정의하려고 하면 이 집합의 절대 중심은 머리카락 한 올 없는 완전한 대머리인 반면 머리카락이 수북한 앨버트 아인슈타인(Albert Einstein)은 중심에서 완전히 먼 사람이다.

그런데 대부분의 아기는 태어날 때 머리카락이 별로 없으므로 이 집합에 속할 것 같지만 계속해서 머리카락이 점점 자랄 테니 이 집합에서 점점 벗어난다. 반면에 스무 살 청년은 머리숱이 많을 수 있지만 나이를 먹을수록 머리카락이 빠질 테니 중심에 점점 가까워진다. 하지만 둘 다 아직 이 집합에 속해 있다. 이 집합에 들어가기 위해 필요한 최소한의 머리카락 개수는 몇 개일까? 말 그대로 우리의 머리카락을 모두 세신 하나님만이 확실히 아실 것이다.

기독교가 유계집합이라면 안에 들어가기 위한 필요충분조건을 분명히 알아야 한다. 그리고 밖에 있는 사람들이 경계를 넘어 안으로 들어오게 만드는 것을 우리의 목표로 삼아야 한다. 그렇게 해서 그들이 일단 안으로 들어오면 더 성장할 것인지는 선택 사항이다. 이제 우리는 아직 경계를 건너지 못한 다른 사람들에게로 관심을 돌릴 수 있다.

기독교가 유계집합이라면 예수님이 가장 관심을 가

지시는 이슈들보다는 안에 있는 사람과 밖에 있는 사람을 구분 짓는 이슈들에 초점을 맞추게 된다. 이 집합의 구성은 정적이다. 모든 사람은 이 집합에 속하든지 속하지 않든지 둘 중 하나이며 중간은 없다. 그리고 그 판단은 교회나 다른 크리스천들 같은 외부 권위자들이 정한 최소 조건에 따라 이루어진다.

하지만 신약은 유계집합보다는 중심집합에 가까운 제자들의 공동체를 보여 준다. 중심은 물론 예수님이시다. 예수님은 하나님 나라의 삶을 정의하고 실제로 보여 주셨으며 그 나라의 삶을 모든 사람에게 활짝 여셨다. 이 삶은 온 존재를 다해 하나님을 사랑하고 이웃을 내 몸처럼 사랑하는 삶이다.

기독교를 중심집합으로 보면 늘 하나님과 그분의 뜻, 그분의 사랑 쪽을 바라보고 그쪽으로 점점 나아가게 된다. 그쪽으로 끊임없이 나아가기를 원하게 된다. 아울러 다른 사람들도 그쪽으로 나아가도록 권유하고 돕는다. 중요한 것은 우리 삶의 방향과 자세다. 누가 우리 집합 안에 있고 누가 우리 집합 밖에 있는지에 관해서는 우리가 신경 쓸 필요가 없다. 하나님이 다 아시며 그 사실만으로 충분하다. 하나님이 우리가 가장 사랑하는 사람들을 포함해서 각 사람에게 옳은 일을 행하실 줄 믿고 맡기면 된다.

이것이 예수님을 중심으로 삼는 접근법이 유익한 이유다. 이 접근법을 취하면 예수님을 따르는 것이 정적인 종교적 정체성이 아니라 역동적인 소명이라는 사실을 늘 기억할 수 있다. 그럴 때 우리는 늘 활력과 도전 정신으로 넘칠 수 있다. C. S. 루이스는 이렇게 말했다.

> 세상은 100퍼센트 크리스천들과 100퍼센트 넌크리스천(non-Christian)들로 이루어져 있지 않다. 천천히 크리스천이기를 그만두고 있지만 여전히 자신을 그 이름으로 부르는 사람들이 있다(아주 많다). 그들 중에는 성직자들도 있다. 반면, 아직 스스로를 크리스천이라 부르지는 않지만 천천히 크리스천이 되어 가는 사람들도 있다. …… 고양이와 개를 비교하는 일은 어느 정도 유용하다. …… 왜냐하면 누가 고양이이고 누가 개인지 분명히 알 수 있기 때문이다. 또한 동물은 (천천히든

갑자기든) 개에서 고양이로 변하지 않기 때문이다."[14]

하지만 인간은 늘 아름다운 무언가 혹은 악한 무언가로 '변해 가는' 중이다. 물론 하나님이 원하시는 방향은 더없이 분명하다. 하나님은 예수님을 따르라고 말씀하신다. 그리고 누구든지 예수님을 따르면 받아 주시고 의롭게 하시며 성령으로 인을 쳐 주신다고 약속하신다.

'크리스천'을 천국 입장을 위한 최소 조건을 충족시킨 사람이라고 정의하면 언제나 '기준을 어느 정도로 할지'에 관한 논쟁이 벌어지게 마련이다. 어떤 이들은 천국 문턱을 너무 높여 완벽히 순종하는 소수의 제자들만 천국에 들어간다고 말한다. 이런 사람은 보는 시각에 따라 철저한 헌신의 옹호자로 불리거나 배타주의자, 율법주의자로 불린다.

또 다른 이들은 천국 문턱을 낮게 잡는다. 그들은 보는 시각에 따라 은혜의 옹호자로 불리거나 죄나 교리에 대해 느슨한 자들로 불린다. 하지만 예수님은 모두를 사랑하고 받아 주길 원하실 뿐, 죽어서 천국에 가기 위해 믿거나 행해야 하는 최소한의 조건을 말씀하신 적이 없다.

예수님이 정하신 제자의 기준은 임의로 정하신 것이 아니며 제자가 되기를 진정으로 바라는 사람은 기준이 높든 낮든 거기에 이르기 위해 기꺼이 고생을 감수한다. 하나님 나라에서 제자로 살기를 진정으로 원하는 사람들은 기꺼이 예수님을 따른다. 그들의 삶은 철저히 예수님을 중심으로 이루어진다.

이것이 누가 하나님 나라 안에 있고 누가 밖에 있는가 하는 문제에서 예수님과 성경은 늘 경계가 아닌 중심에 초점을 맞추는 이유다.

호주에는 가축을 목장 안에 붙잡아 두는 전통적인 방식이 두 가지 있다. 하나는 울타리를 두르는 것이고 다른 하나는 우물을 파는 것이다. 교회가 철저히 예수님을 중심으로 삼는다면 점점 더 분열되고 정치화되어 가는 세상이 볼 때 우리 교회들이 얼마나 시원한 우물과도 같겠는가. 사람들이 들어오지 못하게 막는 울타리는 없고 예수님의 생수만 가득한 교회. 그런 교회라면 사람들이 끊임없이 몰려들 것이다.

구원을
잃어버릴 수도
있는가

"받은 구원을 내가 잃어버리면 어쩌지?" 하고 걱정하는 사람들이 적지 않다. 물론 이들이 정말로 알고 싶은 건 "내가 월요일에 죽으면 천국에 가지만 수요일에 영적으로 타락한 뒤에 죽으면 지옥에 갈까?"이다. 다시 말해 "내가 인생의 한 시점에서는 천국으로 향하다가 어느 시점에서 지옥으로 방향을 틀어 버릴 수 있는가?"

간단히 답하면, 그렇지 않다. 자동차 열쇠나 지갑, 집으로 오는 길을 잃어버릴 수는 있어도 받은 구원은 잃어버릴 수 없다. 구원은 하나님과 나누는 상호적인 관계다. 우리는 은혜로 용서를 받아 이 관계로 들어가며 하나님 나라에서 그분과 함께 살면서 우리의 뜻을 그분의 뜻 앞에 내려놓는 법을 배워 간다. 구원은 잃을 수 없고 다만 거부할 수는 있다.

무언가를 잃는 것은 부지불식간에 일어나는 일이다. 실수나 부주의해서 잃는다. 하지만 하나님은 우리가 그분과의 관계를 그런 식으로 잃어버리도록 놔두시지 않는다. 달라스 윌라드의 설명을 들어 보자.

망가진 영혼은 한두 가지 중요한 신학적 요점을

놓쳐 인생 끝에 치르는 신학 시험에서 낙제할
사람이 아니라는 점을 분명히 알아야 한다. 지옥은
실수로 가는 곳이 아니다. 간발의 차이로 천국을
놓치는 사람은 없다. 하나님을 피하고 그분에게서
도망치려는 지속적인 노력으로 지옥에 가는
것이다. "바깥 어두운 데"는 아무리 설득해도
그곳을 원하는 사람을 위한 곳이다. 하나님께
반대해서 결국 우주의 원리에 반(反)하는 성향
자체가 천천히 또한 확고하게 굳어져서 그곳에
가는 것이다.[15]

성경은 아무것도 '우리를 우리 주 그리스도 예수 안에
있는 하나님의 사랑에서 끊을 수 없다'(롬 8:39)는 약속들
로 가득 차 있다. 예수님은 누구든 그분께 영생을 받으면
"그들을 내 손에서 빼앗을 자가 없느니라"라고 약속하셨
다(요 10:28).

하지만 성경은 인간이 하나님을 거부하는 것도 가능
하다고 경고한다. "우리가 진리를 아는 지식을 받은 후
짐짓 죄를 범한즉 다시 속죄하는 제사가 없고 오직 무서

운 마음으로 심판을 기다리는 것과 대적하는 자를 태울 맹렬한 불만 있으리라"(히 10:26-27).

우리는 영적 염려로 부름받지 않았으며 그렇다고 해서 영적 안주로 부름받지도 않았다. 구원의 확신은 어떤 공식이나 한 번 동의하면 우리가 아무리 원해도 파기할 수 없는 계약에 근거하지 않는다. 구원의 확신은 하나님 나라의 삶에 지속적이고도 점점 더 깊이 참여함으로써 더욱 굳건해진다.

"내가 구원받았는지 어떻게 알 수 있는가?"라고 물을 때 우리는 대개 다음과 같은 점검표를 받는다.

- 예수님을 주로 고백했는가?
- 머리로만 그분을 믿는 것이 아니라 기꺼이 목숨을 바칠 만큼 믿는가?
- 진심으로 회개했는가?

이런 것을 다했다면 구원을 받았다고 확신해도 좋다. 그런데 문제는 이런 점검표 자체가 애매하다는 것이다. '기꺼이'는 어느 정도까지를 말하는가? 믿음이 어느 정도로 확실해야 하는가? 70퍼센트? 90퍼센트? 누구도 완벽한 믿음을 자신할 수 없다. 뿐만 아니라 믿음의 정도는 시시각각 달라지기 마련이다. 지금은 90퍼센트 확신하지만 내일은 그것이 50퍼센트로 떨어지면 어떻게 하는가? 내일 의심할지와 상관없이 오늘 확신하면 되는 것인가?

이런 문제 이면의 더 깊은 문제는 우리가 잘못된 질문을 던지고 있다는 것이다. 올바른 질문은 "내가 구원을 받았는가?"가 아니라 "내가 예수님을 따르는가?"이다. 우리는 천국에 가기 위해서가 아니라 예수님을 따르는 것이 인류에게 주신 최고의 선물이기 때문에 그분을 따르는 것이다.

하나님은
우리를 그토록
사랑하신다면서
왜 모든 사람을
그냥 천국에
들이시지 않는가

좋은 질문이다. 자, 이제 내가 당신에게 묻겠다. 당신은 '천국'을 어떻게 정의하는가?

대부분의 사람은 내세를 믿는다. 그리고 대부분의 경우 그들이 믿는 내세는 좋은 곳과 나쁜 곳으로 나뉜다. 좋은 사람이고 옳은 믿음을 가지면 좋은 곳에 간다. 나쁜 사람이고 잘못된 믿음을 가지면 나쁜 곳에 간다. 이처럼 단순하다. 기독교에서 좋은 곳은 천국이며 대부분은 아니더라도 많은 크리스천들이 천국을 영원한 쾌락의 나라로 상상한다. 이를테면 항상 행복하고 놀라운 초능력을 마음껏 발휘할 수 있으며 뭐든 맘대로 하고 먹고 마셔도 아무런 죄책감이나 두려움, 그에 상응하는 대가를 치르지 않는 곳이다.

쉽게 말해, 대부분의 사람들에게 천국은 누구나 가고 싶어 하는 곳, 가서 영원히 살고 싶어 하는 곳이다. 그래서 모두가 들어가길 절실히 원하지만 많은 사람이 문전박대를 당하는 배타적인 천국을 꿈꾼다는 말로 기독교를 비판하는 사람이 너무도 많다.

하지만 예수님의 가르침대로라면 오히려 천국을 진정으로 '원하는' 사람은 별로 없다. 왜일까? 예수님이 말씀하신 천국은 단순히 그리고 놀랍게도 하나님과 함께하는 삶이기 때문이다. 천국에서는 하나님을 피하는 것이 불가능하다. 천국은 끝없이 넓어서 오즈의 마법사를 찾듯 하나님을 수소문하고 다녀야 하는 곳이 아니다. 천국은 하나님을 담을 수 없다. 오히려 하나님이 천국을 담고 계신다.

그런데 그런 천국이라면 딱히 가고 싶지 않을 수도 있다. 우리는 '하나님이 보시지 않았으면……' 하는 것을 할 자유를 원할 때가 많기 때문이다. 우리는 하나님께 간섭받지 않는 삶을 원할 때가 많다. 그런데 진짜 천국에서는 우리의 모든 생각과 행동, 말이 하나님께 늘 공개되어 있다. 게다가 영원히 말이다.

생각해 보라. 성적인 죄를 지은 적이 있는가? 장담컨대 당신의 어머니가 보는 중에는 그 죄를 짓지 않았을 것이다. 하물며 천국에는 하나님이 계시지 않는 곳이 없다. 천국에 가면 재빨리 숨어 죄를 지을 작은 밀실 따위는 없다. 숨어서 험담하거나 욕심을 부리거나 비판하거나 자랑하거나 탐닉하거나 냉소적으로 굴려고 해도 어디 숨을 곳이 없다.

달라스 월라드는 이런 표현을 썼다. "나는 신중히 고민한 끝에 천국을 견딜 수 있다고 자신하는 모든 사람을 하나님이 기꺼이 받아 주실 것이라고 확신한다."[16]

문제는 천국을 견디는 것이 우리의 생각보다 훨씬 힘들 수 있다는 점이다. 특히, 영원한 쾌락의 나라를 꿈꾸는 사람들에게는 더더욱 그렇다. 이것이 C. S. 루이스가 "지옥의 문은 안에서 닫혀 있다"고 말한 이유다.[17] 지옥은 하나님이 없는 곳이며 생각보다 많은 사람이 이곳을 원한다.

다시 말해, 천국은 죄를 원하는 사람들이 불행해지는 곳이다. 금연 식당이 비흡연자들에게는 더없이 좋은 곳이지만 흡연자들에게는 끔찍한 곳인 것처럼 말이다. 한 피조물에게는 기쁨을 주는 것이 다른 피조물에게는 고문이 된다. 그래서 C. S. 루이스는 "모기의 천국과 인간의 지옥은 하나일 수 있다"라는 말을 했다.[18] 혹시 이것이 우리가 천국에 대해서는 '천국으로 가는 계단'이라는 표현을 쓰는 반면 지옥에 대해서는 '지옥행 고속도로'라고 말하는 이유가 아닐까?

찬송가 〈만세 반석 열리니〉(Rock of Ages)에 있는 은혜로운 가사를 보자.

> 주님의 옆구리에서 흐른 물과 피가
>
> 내게 **효험** 되어서
>
> 나를 진노에서 건지시고
>
> 죄에서 **정결하게** 하소서.

하나님의 진노에서 구원받는 '효험'을 원하지 않을 사람은 없을 것이다. 하나님은 우리가 하나님의 진노를 받지 않도록 예수님을 십자가로 보내 우리 대신 궁극적인 영적 죽음을 맞게 하셨다. 이 얼마나 좋은 일인가.

이제 우리에게 남은 문제는 '정결하게' 되는 것이다. 우리의 가장 큰 문제점은 천국에 들어가는 것이라기보다는 천국에 어울리는 사람이 되는 것이다. 생각해 보라. 지금 하나님의 지속적인 임재 가운데 사는 것이 싫은데 하나님의 지속적인 임재 가운데 영원히 사는 것이 뭐가 좋겠는가. 악한 행동이나 생각을 하고 싶어도 할 수 없는 것이 뭐가 좋겠는가.

이것이 예부터 크리스천들이 고난보다 나쁜 것이 있

다고 주장해 온 이유다. 그것은 바로 악이다. 악은 나쁜 짓을 꾀하는 것이다. 악이 고난보다 나쁜 것은 고난은 '우리에게' 일어나는 일이지만 악은 '우리 안에서' 일어나는 일이기 때문이다. 악은 우리 안에 자리한 왜곡된 사고, 타락한 욕구, 시기심, 교만이다. 이것이 구원에 관한 사고의 전환이 필요한 이유다.

명심하라! 구원의 핵심은 우리를 천국으로 데려가는 것이 아니라 천국을 우리에게로 가져오는 것이다.

예수를
한 번도 들어본 적 없는
사람이나 아기들은
어떻게 되는가

예수님에 대해서 들을 기회가 없는 사람들의 영원한 운명은 어떻게 되는지 궁금한 사람들이 많다. 예컨대 아기들이나 예수님의 이야기를 알지 못하는 곳에서 태어나 사는 사람들은 어떻게 되는가?

이 질문에 직접적으로 대답할 수 없는 이유는 이면의 질문이 따로 있기 때문이다. 이면의 질문은 이것이다. "죽어서 천국에 가기 위해 믿어야 하는 옳은 교리의 최소량은 무엇인가? 성육신을 어느 정도까지 확신해야 하는가? 천국 입장을 허가받으려면 어떤 대속 이론을 받아들여야 하는가?"

이 질문에 대한 답은 알 수 없다. 성경 기자들의 목표는 그리스도의 이야기를 모르는 사람들의 운명을 추정하는 것이 아니라, 성경을 만난 사람들이 그분을 따르게 만드는 것이기 때문이다. 다만 바울은 창세전부터 하나님의 보이지 않는 특성들이 사람들에게 '분명히 보여졌다'고 말했다(롬 1:20 참조). 또한 바울은 하나님의 정체성과 본성에 관해 전혀 몰랐던 아테네 사람들에게 "알지 못하던 시대에는 하나님이 간과하셨거니와 이제는 어디든지 사람에게 다 명하사 회개하라 하셨으니"(행 17:30)라고 말했다.

좋은 소식은, 천국은 견뎌 낼 수 있는 사람은 누구든지 하나님이 천국에 들이실 것이 분명하다는 사실이다. 다만, 앞서 말했듯이 천국을 견뎌 내는 일이 우리가 생각하는 것보다 훨씬 더 힘들 수 있다. 예수님은 제자들에게 '가서 모든 민족을 제자로 삼으라'고 매우 긴급하게 지시하셨다(마 28:19 참조). 예수님이 그렇게 긴급하게 지시한 것은 사람들이 나쁜 곳에 갈까 봐 걱정해서라기보다는 사람들이 악한 사람들이 될까 봐 걱정해서였다. 성경에서 최악의 운명은 고통이 아니라 악이라는 사실을 잊지 말라. 고통은 '우리에게' 일어나는 일인 반면 악은 '우리 안에서' 일어나는 일이다. 악은 우리가 악의 노예가 될 때까지 우리의 정신과 생각, 욕구를 왜곡시킨다.

은혜롭고 용서 가득한 나사렛 목수의 제자가 되는 것이야말로 그런 운명에서 탈출할 수 있는 확실한 길이다. 그분을 따르는 모든 사람은 다른 사람들도 그렇게 그분을 따르도록 필사적으로 돕게 마련이다. 그것은 하나님이 인색하고 야박한 분이라 그들을 내칠까 봐 걱정되어서가 아니라 '자아의 나라'가 더 좋다고 스스로 속이는 인간의 자기기만 능력이 끝이 없기 때문이다.

이 모든 것이
왜 그토록
중요한가

그것은 구원이 단순히 '내' 구원의 문제만이 아니기 때문이다. 어떤 개인이든 한 사람의 구원은 온 피조 세계를 구원하고 치유하려는 하나님의 궁극적인 계획의 일부로서만 의미가 있다. 다시 말해, 내가 내 삶에 대해 죽고 다른 사람들을 섬기기 위한 하나님의 도구가 되려고 할 때만 내 구원이 의미가 있다.

'구원하는 믿음'은 그 믿음을 가진 사람에게만 복된 소식이 아니다. 그것은 가난한 자들에게도 복된 소식이다. 고아와 과부들에게도 복된 소식이다. 인신매매를 당한 사람들에게도 복된 소식이다. 괴롭힘을 당하는 사람들에게도 복된 소식이다. 굶주린 사람들에게도 복된 소식이다. 난민들에게도 복된 소식이다. 구원하는 믿음은 사람들이 이렇게 말하게 만든다.

"여기 내 시간이 있어요. 내가 섬기겠습니다."

"여기 내 돈이 있어요. 이 돈을 가져가십시오."

"여기 내 삶이 있어요. 내 삶을 다 바쳐 당신을 돌보겠습니다."

그것은 '어려운 사람들은 물론이고 모든 사람을 돌보시는 사랑의 아버지를 두었다'는 사실이 입으로 고백하는 신조에 그치지 않고 현실에 대한 심상 지도로 발전했기 때문이다. 이제 그들은 그 사실을 눈에 보이지는 않지만 중력의 존재를 믿듯이 실제로 믿는다. 그 믿음은 단순히 그들 자신을 구원해 주기만 하는 것이 아니라 세상 구원을 위한 하나님의 도구가 된다.

여느 신자들처럼 나는 추억의 〈스타트랙〉(Star Trek) 시리즈에서 나오는 "스코티, 내게 이동 광선을 쏴 줘!"와 같은 기도와 함께 자랐다. 나는 하나님께 우리를 이 망가진 땅에서 천국으로 순간 이동을 시켜 달라고 기도해야 한다고 생각했다.

하지만 예수님은 "제게 이동 광선을 쏴 주소서!"라는 기도를 가르치신 적이 없다. 예수님은 "나라가 임하시오며 뜻이 하늘에서 이루어진 것같이 땅에서도 이루어지이다"(마 6:10)라고 기도하라고 말씀하셨다. 즉 "이곳에서 벗어나 저곳으로 올라가게 해 주소서"가 아니라 "저곳이 이곳으로 내려오게 해 주소서"라고 기도하라.

예수님은 천국('하나님의 나라', '하나님의 뜻')이 여기로, 즉 내 사무실, 내가 사는 동네, 내가 속한 소그룹, 내 가족, 내 국가로 내려오게 해 달라고 기도하라고 가르치셨다.

내 삶, 내 몸, 내 작은 나라에 먼저 천국이 임해야 한다. 의, 평강, 기쁨, 걱정으로부터의 자유, 평온, 참된 정체성의 선물이 내게 임해야 한다. 미래 어느 시점이 아닌 바로 지금 여기에서.

저 위를 이 아래로 내리는 것이 하나님의 계획이다. 그리고 예수님 자신이 성육신을 통해 말 그대로 저 위를 이 아래로 가져오셨다. 요한계시록 7장 10절은 "구원하심이 보좌에 앉으신 우리 하나님과 어린양에게 있도다"라고 말한다. 그리고 언젠가 그분이 구원을 완성하실 것이다.

성경은 우리가 몸이 없는 영혼으로 구름 위에 있는 진주문과 황금 벽돌로 만들어진 영적 실버타운에서 영원히 빈둥거릴 수 있다고 약속하지 않는다. 성경은 부활이 일어나고 하나님의 모든 피조물이 영광스럽게 변한다고 약속한다. 그리고 우리는 이 일을 기다린다. 하지만 수동적으로 기다려서는 안 된다. 우리는 하나님의 계획에 동참하도록 부름을 받았기 때문이다.

우리가 저 위 삶의 한 조각을 이 아래로 가져올 때마다 하나님 나라가 이 망가진 세상 나라 속으로 들어온다.

우리가 누군가와 갈등을 빚어 그에게 상처를 주고 그에 관한 험담을 하고 그를 피하고 싶지만 오히려 그를 찾아가 화해와 용서를 구할 때마다 하나님 나라가 이 세상 속으로 들어온다. 굶주리거나 집이 없거나 가난한 누군가에게 우리가 가진 돈을 내밀 때 하나님 나라가 이 세상 속으로 들어온다. 중독자가 하나님과 동행하기를 간절히 원해서 더 이상 숨지 않고 자신의 잘못을 인정하고 사랑의 공동체에 도움을 구할 때 하나님 나라가 이 세상 속으로 들어온다. 일중독인 부모가 일을 우상으로 삼던 삶의 우선순위를 정돈하여 하나님이 맡겨 주신 자녀를 사랑하고 돌보는 시간을 낼 때 하나님 나라가 이 세상 속으로 들어온다.

우리 힘으로 이런 일을 해내지 않아도 된다는 것, 이런 일을 자연스럽고도 즐겁게 할 수 있는 사람으로 점점 변해 갈 능력이 우리에게 주어진다는 것, 이것이 바로 복음이다. 이것이 예수님이 삭개오의 집에 오신 뒤 삭개오가 재산의 절반을 가난한 사람들에게 주고 그동안 사취한 모든 것을 네 배로 갚아 주겠다고 약속했을 때 예수님이 "오늘 구원이 이 집에 이르렀으니"라고 말씀하신 이유다(눅 19:9 참조).

이는 단순히 삭개오가 죽어서 하나님과 함께 있게 될 것이라는 뜻만이 아니다(물론 그렇게 되겠지만). 예수님이 이 집에 오신 것이 곧 저 위가 이 아래로 내려온 것이다. 그렇다. 이제 예수님을 통해 부패한 세리가 하나님 나라를 가져오는 자가 되고, 가난한 사람들이 도움을 받고, 사취를 당한 사람들이 보상을 받고, 하나님의 뜻이 하늘에서처럼 이 땅에서도 이루어지기 시작했다. 이것이 복음이 하는 일이다.

복음은 저 위를 이 아래로 가져온다. 당신과 나부터 시작해서. 이것이 구원이 진정으로 무엇을 의미하는지를 이해하는 것이 그토록 중요한 이유이며 이 주제가 우리의 삶에 그토록 중요한 이유다.

하지만 여기서 끝이 아니다. 구원을 '커트라인 통과'로 잘못 이해하면 하나님을 사랑하라는 대계명을 지키기 어렵다. '커트라인'이 하나님을 사랑이 없고 배타적인 분으로 보이게 만들기 때문이다. 하나님을 그렇게 보면 '왜 하나님은 더 많은 사람을 천국에 들이시지 않는 것인가?' 라는 의문을 품을 수밖에 없다.

구원을 '커트라인 통과'라고 오해하면 대명령을 어길 수밖에 없다. 하나님은 '제자'를 삼으라는 대명령을 주셨다. 하지만 구원을 천국에 들어가는 것만으로 축소시키면 예수님의 제자가 되는 일은 불필요해진다. 구원을 그런 식으로 선포하면 수많은 사람이 굳이 변화될 필요성을 느끼지 못한 채 살아가는 비극이 발생한다.

구원을 잘못 해석하면 '커트라인을 통과한 우리'와 '통과하지 못한 저들'이라는 그릇된 차별 의식이 생길 수밖에 없다. 그렇게 되면 밖에 있는 사람들이 안으로 들어오지 못한다. 아울러 안에 있는 사람들은 변하지 못한다. 하나 더, 구원을 잘못 이해하면 인류 역사상 단연 가장 중요한 사건의 요지를 완전히 놓치고 만다.

구원이 예수님처럼
하나님과 매일 교제하며
사는 것이라면
예수님은 왜 굳이
십자가에서
죽으셔야 했는가

지금까지 우리는 천국, 영생, 구원하는 은혜, 제자의 의미 등을 이야기했다. 하지만 십자가 이야기를 살펴보지 않고서 구원을 진정으로 이해하는 것은 불가능하다. 성경을 읽어 본 사람이라면 구약 시대가 동물들에게 몹시 험난한 시대였다는 점을 눈치 챘을지도 모르겠다. 동물들은 매일같이 도륙을 당했다. 그뿐만 아니라 그 동물의 피는 제단 사방에 뿌려지고 기름 부위는 제단에서 태워졌다. 그야말로 동물보호단체들이 결사반대할 온갖 일이 벌어졌다. 당시에는 그런 관행을 통해 인간이 하나님과 화목할 수 있다고 믿었기 때문이다.

구약을 읽어 보면 사람들은 모세가 지시하기 훨씬 전부터 짐승을 잡는 제사를 드렸다. 그것이 삶의 일부였다. 고대에도 사람들은 자신이 모든 것을 통제할 수 없다는 점을 이해했던 것으로 보인다. 나아가 그들은 생명이 죽음에서 비롯한다는 점(예를 들어 "내가 먹고 살기 위해 동물을 죽이고 식물을 수확한다")을 이해하고 신성시했다. 그래서 그들은 식사를 단순히 세속적인 활동이 아닌 신에 대한 희생제사로 다루었다.

고대 세상에서 희생제사는 무언가를 잃는 것이 아니

었다. 그것은 무언가를 옮기는 행위였다. 무언가를 인간적이고 평범한 영역에서 신적 영역으로 이동시키는 행위였다. 구약에서 희생제사를 여러 번 언급하는 것이 바로 이런 이유 때문이다. 예를 들어 다음과 같은 구절이 있다.

> 여호와께 향기로운 번제로 드릴 것이며.
> 민수기 29장 2절

> 이는 향기로운 냄새를 위하여 드리는 번제로
> 여호와께 드리는 화제라.
> 레위기 8장 21절

희생제사 개념은 향기가 하늘로 올라가면 희생제물이 공식적으로 하나님께 속하게 된다는 것이었다.

자, 이제 놀라운 일을 소개한다. 하나님은 원래부터 보편적으로 존재했던 희생제물의 관행을 극적으로 변화시켜 인류에게 다음 세 가지를 가르쳐 주셨다.

- 온 우주에 신은 사랑으로 충만하고 지극히 선하신 하나님 한 분밖에 없다.
- 하나님은 식사를 공급해 줄 대상이 필요해서가 아니라 사랑할 대상을 원해서 인류를 창조하셨다.
- 세상에는 본질적으로 지독히 잘못된 무언가가 있는데, 그것은 바로 우리다.

우리는 용서를 받아야 한다. 우리는 치유를 받아야 한다. 우리는 회복되고 사랑받고 수치에서 해방되고 성장하고 인도하심과 능력을 받고 새로워져야 한다. 그런데 혼자서는 그렇게 될 수 없다. 도움이 필요하다. 그래서 하나님이 예수님을 통해 친히 이 땅에 내려오셨다. 우리가 인간적이고 평범한 영역에서 신적 영역으로 이동할 수 있도록 하나님이 직접 희생제물이 되셨다. 예수님 안에서 전혀 새로운 종류의 힘이 발동되었다. 그것은 강압적인 힘이 아닌 자기희생적인 사랑의 힘이었다.

"다른 편 뺨을 돌려 대라. 오 리를 더 가라. 일곱 번씩 일흔 번을 용서하라." 예수님은 자기희생적인 사랑의 힘이 더 강하다는 사실을 보여 줌으로써 악과 미움의 힘을 패배시키셨다. 이에 관한 사도 바울의 말을 들어 보라.

> 하나님이 그와 함께 살리시고 …… 우리의 모든
> 죄를 사하시고 우리를 거스르고 불리하게 하는
> 법조문으로 쓴 증서를 지우시고 제하여 버리사
> 십자가에 못 박으시고 통치자들과 권세들을
> 무력화하여 드러내어 구경거리로 삼으시고
> 십자가로 그들을 이기셨느니라.
>
> 골로새서 2장 13-15절

　예수님을 발가벗기고 대중의 구경거리로 만든 권력자들은 자신들이 십자가로 예수님을 패배시켰다고 생각했다. 하지만 바울은 상황이 정반대라고 말한다. 오히려 예수님이 그들을 패배시키셨다고 말이다.

　하지만 세상이 변화된 것은 예수님이 그들을 패배시키셨다는 사실보다는 패배시키신 '방법' 때문이었다. 예수님은 거룩하고 용서하는 사랑으로 고난을 이겨 내는 모습을 통해 고난을 일으키는 악과 미움, 죄의 힘을 무력화시키셨다. 예수님은 악과 죄, 미움이 얼마나 어리석고 옹졸하고 좀스러운 힘인지를 적나라하게 드러내셨다. 예수님은 악과 죄, 미움으로부터 우리를 시험하고 겁주는 힘을 빼앗아 버리셨다.

마치 예수님은 이렇게 말씀하시는 듯했다. "미움아, 어디 네 맘대로 해 봐라. 두려움아, 어디 네 맘대로 해 봐라. 죄야, 어디 네 맘대로 해 봐라. 네놈들이 아무리 날뛰어도 나는 사랑하기를 멈추지 않을 것이다. 나는 돌보기를 멈추지 않을 것이다. 고통을 흡수하는 내 능력은 고통을 가하는 네 능력보다 크다."

예수님은 최악의 악을 손수 당하심으로 우리를 그 악에서 구해 내셨다. 바로 십자가를 통해서 말이다. 또한 여기에는 깊은 뜻이 담겨 있다. 십자가는 로마가 사용하던 궁극적인 굴욕의 도구였다. 오직 노예와 반역자만 십자가에 못 박을 수 있었다. 십자가는 메시아를 패배시켰다는 로마의 궁극적인 선포였다. 십자가는 자신이 메시아보다 우월하다는 로마의 궁극적인 주장이었다. 그만큼 십자가는 인간이 추락할 수 있는 가장 밑바닥이었다.

그런데 바로 그것이 예수님이 십자가에서 죽으셔야

했던 이유다. 그렇지 않고서는 하나님이 우리를 용서하실 수 없기 때문에 그런 것은 아니다. 하나님은 원하시면 어떤 방식으로도 우리를 용서하실 수 있다. 예수님은 우리가 추락할 수 있는 가장 밑바닥까지 내려오셨다. 거기서 예수님은 십자가의 이빨을 뽑아 버리셨다. 예수님은 십자가를 변화시키셨다. 예수님은 십자가 위에서 모든 것을 뒤집으셨다. 이제 십자가는 가장 큰 악은 가장 큰 선의 상대가 되지 않는다는 분명한 증거가 되었다.

하지만 우리는 십자가를 오해할 때가 너무도 많다. 사람들은 '우리가 죽지 않기 위해 예수님이 죽으셨다'고 생각하는 경향이 있다. 우리는 '우리가 그분과 함께 십자가에 못 박힐 수 있도록 그분이 십자가에 못 박히셨다'는 사실을 이해해야만 한다.

리처드 해이스(Richard Hays)는 이렇게 말했다. "복음의 이야기는 단순히 옛날 옛적에 슈퍼 영웅이 율법과 죄, 죽음이라는 우주의 악당들을 물리쳐 우리에게서 모든 책임의 짐을 벗겨 주었다는 이야기가 아니다. 복음의 이야기는 우리가 참여해야 할 새로운 삶의 양식에 관한 이야기다. 이것이 '내가 그리스도와 함께 십자가에 못 박혔나니'

라는 바울의 말의 의미다."[19]

우주에는 '희생의 법칙'이라는 것이 항상 작용한다. 예를 들어, 어머니는 아기가 태어날 수 있도록 자신의 몸과 안락, 시간을 희생한다. 씨앗은 더 풍성한 열매를 맺으려고 땅에 떨어져 죽는다. 목숨을 희생해서 추구할 대의를 가진 사람은 살아갈 이유를 가진 사람이다. 문제는 우리가 자신을 희생할 것인지 말 것인지가 아니다. 희생은 기정사실이고 문제는 무엇에 자신을 희생할 것인가 하는 것이다.

> 그러므로 형제들아 내가 하나님의 모든
> 자비하심으로 너희를 권하노니 너희 몸을 하나님이
> 기뻐하시는 거룩한 산 제물로 드리라 이는 너희가
> 드릴 영적 예배니라.
> 로마서 12장 1절

기억하는가? 희생은 무언가를 잃는 것이 아니다. 그것은 무언가를 옮기는 행위다.

그러므로 사랑을 받는 자녀같이 너희는 하나님을
본받는 자가 되고 그리스도께서 너희를 사랑하신
것같이 너희도 사랑 가운데서 행하라 그는 우리를
위하여 자신을 버리사 향기로운 제물과 희생제물로
하나님께 드리셨느니라.

에베소서 5장 1-2절

우리는 …… 하나님 앞에서 그리스도의 향기니.

고린도후서 2장 15절

십자가에서 일어난 일을 제대로 알고서 믿기만 하면
죽어서 천국에 갈 수 있다고 생각하는 사람들이 있다. 하
지만 예수님의 첫 제자들은 십자가 사건을 그런 식으로
보지 않았다. 그들은 그 이상의 무언가를 보았다. 그들은
십자가 사건을 세상을 구원하기 위한 하나님의 위대한
계획이 시작된 순간으로 보았다. 그들은 십자가 사건을
십자가의 사람들이 되어 예수님처럼 자기희생적인 사랑
의 힘을 발휘하라는 초대로 보았다. N. T. 라이트(Wright)
의 감동적인 표현을 빌자면 "그들은 그것을 혁명이 시작

된 날로 보았다."[20]

십자가에서 죽는 것이 예수님이 이 땅에 오신 유일한 이유라고 생각하는 사람이 많다. 하지만 십자가 죽음은 그분의 임무 중 일부분에 불과했다. 그분이 맡은 큰 임무는 그 나라를 가져오는 것이었다.

그분의 복음은 그 나라가 우리에게 가능하다는 복음이었다. 그분의 목적은 자신의 삶과 죽음, 부활을 통해 그 나라의 현실을 실제로 보여 주는 것이었다. 그분의 명령은 그 나라를 추구하라는 것이었다. 그분의 계획은 그분의 백성이 그 나라를 넓히도록 만드는 것이었다.

그분이 은혜의 선물로 당신을 그 나라의 일꾼으로 초대하신다. 당신의 삶과 몸과 의지 속에서 하나님의 통치를 경험한 뒤에 상처받아 피 흘리는 주변 사람들에게 하나님의 능력과 기쁨, 사랑을 전해 주는 통로가 되라고 촉구하신다. 예수님 나라의 복음은 절망한 사람들에게 구원을, 불의로 가득한 세상에 치유를 제시한다. 그 복음은 세상의 소망이다.

내 책장에는 *What's the Least I Can Believe and Still Be a Christian?*(크리스천 자격을 유지하기 위해 믿어야 할 최소한도는 무

엇인가?)이라는 흥미로운 제목의 책이 꽂혀 있다. 부활을 다룬 장에서 저자는 톰 행크스(Tom Hanks)가 주연한 영화 〈캐스트 어웨이〉(Cast Away)의 한 장면을 회상한다.[21]

톰 행크스가 연기한 주인공은 유명 택배 회사 페덱스(FedEx)의 간부이다. 그는 곧 꿈에 그리던 여인과 결혼할 예정인데, 어느 날 그만 그가 업무 수행을 위해 탄 운송 전용기가 바다 한가운데서 추락하고 만다.

구사일생으로 어느 무인도에 닿은 그는 그곳에서 수년 동안 혼자 살아가게 된다. 한편 그가 탄 비행기에 실려 있던 각종 택배 상자들도 그가 있던 무인도의 해변으로 떠밀려왔다. 상자들 속에는 생존과 생활에 아주 유용한 물품들이 들어 있었다. 그런데 그는 마지막 상자 하나만은 열지 않는다. 그는 그 내용물이 무엇이든 뜯지 않기로 한다.

4년 뒤 마침내 그는 뗏목을 만들어 섬을 빠져나가기로 결심하면서 뗏목에 뜯지 않은 그 마지막 상자를 묶는다. 그리고 천신만고 끝에 살아남아 무사히 집으로 돌아온다. 그렇게 그는 구원을 받는다.

영화 마지막 장면에서 그는 4년간 뜯지 않은 그 택배

상자를 수취인에게 배달하지만 주인은 집에 없었다. 그는 상자와 함께 이런 메모를 남긴다. "이 상자가 제 생명을 구했습니다."

여기서 "구했다"라는 말은 무슨 뜻일까? 다른 상자들 안에 든 내용물이 무인도에 홀로 버려진 그에게는 당장 훨씬 쓸모가 있었다. 거기에는 놀랜드가 지낼 만한 곳을 지을 때 자르거나 매거나 할 수 있는 것들이 들어 있었다. 반면, 이 마지막 상자는 끝까지 미스터리로 남았다. 이 상자는 희망이었다.

이 상자를 볼 때마다 주인공은 자신의 직업을 기억했다. 반드시 살아남아 자신이 전달하러 가던 이 상자를 수취인에게 전하겠다는 마음이 그에게는 희망이었다. 이 상자를 볼 때마다 그는 그 섬을 탈출할 수 있다는 희망을 키웠다. 이 상자를 볼 때마다 그는 자신이 갇힌 작은 감옥보다 더 큰 세상이 있다는 사실을 기억했다. 희망은 그 무엇보다도 우리를 계속 전진하게 만드는 힘이다.

"이 상자가 제 생명을 구했습니다."

크리스천 자격을 유지하기 위해 믿어야 할 최소한도가 어느 정도인지 나도 모른다. 그것은 오직 하나님만이 아신다. 하지만 내가 확실히 아는 사실들이 있다. 이 땅까지 내려와 십자가에서 죽으실 분이라면 영생을 견딜 수 있는 모든 사람을 구원하길 절실히 원하실 분이라는 점만큼은 확실하다. 그런 하나님이 마련하신 좋은 곳이라면 내 상상을 훨씬 초월할 만큼 좋은 곳이라는 점만큼은 확실하다. "그와 같게" 된(요일 3:2 참조) 내 모습, 즉 두 번째 아담 같게 된 내 모습이 내 상상을 초월할 것이라는 점만큼은 확실하다.

"도움이 오고 있다."

이것은 성경이라 불리는 책에 담긴 메시지다.

"도움이 오고 있다."

이것은 예수라는 다시없을 인물이 하신 선포다. 이 메시지가 '내 나라'의 해변으로 계속해서 떠밀려온다.

"도움이 오고 있다."

희망은 옳은 대상을 향하기만 하면 우리 생명을 구할 수 있다. 자, 이제 우리의 첫 질문으로 돌아갈 시간이다.

내가 정말로
구원받았는지
어떻게 알 수 있는가

이렇게 물으면 교인들은 으레 우리가 천국에 가기 위해 믿어야 할 그리스도의 역사를 잘 믿어야 한다고 말하며, 그것을 확인하기 위한 몇 가지 점검표를 내놓는다. '진심으로 믿는가? 구원에 필요한 기도를 드렸는가? 온전히 항복했는가?'

문제는 그저 그 역사를 믿으라고 우리를 부르시지 않았다는 것이다. '그 역사를 이루신 분'을 믿으라고 우리를 부르셨다. 구원에 대한 확신은 더 큰 확신의 중요한 일부일 뿐이다.

더 큰 확신은 바로 하나님에 대한 확신이다. 영원만큼이나 오늘 우리와 함께하시는 그분을 믿어야 한다. 오늘 그분을 믿는 만큼만 영원에 대해서도 그분을 믿을 수 있다. 믿음은 앎의 부산물이다. 하나님과 함께하는 삶에 참여함으로써 그분을 알수록 그분이 지으신 모든 사람을 위해 영원토록 최선을 다하실 분이라는 확신이 점점 더 강해진다. 나를 위해서도 그렇게 해 주실 것이다.

내가 정말로 구원받았는지 어떻게 알 수 있는가? 하나님을 알면 알 수 있다.

오해와 진실

#복음

오해 죽어서 천국에 들어가기 위해 충족시켜야 하는 최소 조건.

진실 예수님을 통해 하나님 나라의 삶이 지금 가능하다는 선포(막 1:14-15; 마 4:17; 6:33 참조).

Gospel

#제자

오해 영적 추가 학점을 받기 위해 노력하는 크리스천.

진실 예수님이 자신이라면 어떻게 사셨을지 고민해서 그렇게 사는 것을 궁극적인 목표로 삼은 사람.

Disciple

#크리스천

오해 죽어서 천국에 가기 위해 믿어야 할 기독교의 핵심 교리들을 믿는 사람.

진실 제자를 말하는 또 다른 표현(신약에서 단 세 번만 사용되었고, 항상 제자들의 공동체를 가리켰음).

영생

오해 죽어서 천국에 가는 것.

진실 지금 시작되어 죽음도 중단시킬 수 없는 하나님과의 상호적이고 참여적인 관계.
"영생은 곧 유일하신 참 하나님과 그가 보내신 자 예수 그리스도를 아는 것이니이다"(요 17:3).

은혜

오해 죄의 값없는 용서.

진실 우리가 스스로 할 수 없는 것을 하나님이 우리 안에서 해 주시는 것. 이는 용서를 포함하지만 훨씬 더 큰 개념이다. 베드로는 "은혜에서 자라 가야" 한다고 말했는데, 이는 "죄 용서 안에서 자라 가라"는 뜻이 아니다. 하나님은 우리가 죄를 짓기 전에도 은혜로우셨다. 우리는 은혜로 살아가야 한다.

Grace

구원

오해 '천국행' 대열에 속하는 데 필요한 최소 조건을 만족시키는 것.

진실 죄에서 해방되어 하나님과 함께하는 삶으로 가는 과거와 현재와 미래의 여행.

Salvation

믿음

오해 하나님에 관해 우리가 믿어야 할 것들.

진실 현실에 대한 우리의 심상 지도.

Faith

#구원하는 믿음

오해 죽어서 천국에 가기 위해서 믿어야 할 최소한도.

진실 예수님께 자연스럽게 순종하게 만드는, 현실에 대한 심상 지도.

#천국

오해 누구나 들어가기만 하면 행복해질 수 있는 영원한 쾌락의 나라.

진실 하나님을 피하는 것이 불가능해지는, 구속된 새로운 피조 세계.

#그리스도를 믿는 것

오해 죽어서 천국에서 문전박대를 당하지 않도록 특정 교리를 믿고 고백하는 것.

진실 예수님이 모든 면에서 옳다고 믿어 그분께 기꺼이 순종하는 것.

구원에 관한
핵심 구절 새기기

☐   영생은 곧 유일하신 참 하나님과

그가 보내신 자 예수 그리스도를

아는 것이니이다.

요한복음 17장 3절

☐   또 내 이름을 위하여 집이나 형제나 자매나

부모나 자식이나 전토를 버린 자마다

여러 배를 받고 또 영생을 상속하리라.

마태복음 19장 29절

☐ 너희가 성경에서 영생을 얻는 줄 생각하고
   성경을 연구하거니와
   이 성경이 곧 내게[예수님] 대하여
   증언하는 것이니라.

   요한복음 5장 39절

☐ 살리는 것은 영이니 육은 무익하니라.

   요한복음 6장 63절

☐ 이는 죄가 사망 안에서 왕 노릇 한 것같이
   은혜도 또한 의로 말미암아 왕 노릇 하여
   우리 주 예수 그리스도로 말미암아
   영생에 이르게 하려 함이라.

   로마서 5장 21절

☐ 하나님이 세상을 이처럼 사랑하사
독생자를 주셨으니 이는 그를 믿는 자마다
멸망하지 않고 영생을 얻게 하려 하심이라.
요한복음 3장 16절

☐ 죄의 삯은 사망이요 하나님의 은사는
그리스도 예수 우리 주 안에 있는 영생이니라.
로마서 6장 23절

☐ 아들을 믿는 자에게는 영생이 있고
아들에게 순종하지 아니하는 자는
영생을 보지 못하고 도리어 하나님의 진노가
그 위에 머물러 있느니라.
요한복음 3장 36절

□ 내가 진실로 진실로 너희에게 이르노니
내 말을 듣고 또 나 보내신 이를 믿는 자는
영생을 얻었고 심판에 이르지 아니하나니
사망에서 생명으로 옮겼느니라.

요한복음 5장 24절

□ 여호와여 나는 주의 구원을 기다리나이다.

창세기 49장 18절

□ 여호와는 나의 빛이요 나의 구원이시니
내가 누구를 두려워하리요
여호와는 내 생명의 능력이시니
내가 누구를 무서워하리요.

시편 27편 1절

□ 오직 그만이 나의 반석이시요

나의 구원이시요 나의 요새이시니

내가 크게 흔들리지 아니하리로다.

시편 62편 2절

□ 우리가 이같이 큰 구원을 등한히 여기면

어찌 그 보응을 피하리요

이 구원은 처음에 주로 말씀하신 바요

들은 자들이 우리에게 확증한 바니.

히브리서 2장 3절

□ 행위에서 난 것이 아니니

이는 누구든지 자랑하지 못하게 함이라.

에베소서 2장 9절

주

1. Dallas Willard, *The Spirit of the Disciplines: Understanding How God Changes Lives* (New York: HarperSanFrancisco, 1988), p. 32. 달라스 윌라드, 《영성 훈련》(은성 역간).

2. Frank C. Laubach, *Man of Prayer: Selected Writings of a World Missionary* (Syracuse, NY: Laubach Literacy International, 1990), p. 195.

3. Brother Lawrence, *The Practice of the Presence of God* (New Kensingto, PA : Whitaker House, 1982), p. 82. 로렌스 형제, 《하나님의 임재 연습》.

4. Dallas Willard, *The Great Omission: Reclaiming Jesus's Essential Teachings on Discipleship* (New York: HarperSanFrancisco, 2006), p. 166. 달라스 윌라드, 《잊혀진 제자도》(복있는사람 역간).

5. Alcoholics Anonymous, *Twelve Steps and Twelve Traditions* (New York: The A. A. Grapevine and Alcoholics Anonymous World Services, 1981), pp. 106-107.

6. Michael Burkhimer, *Lincoln's Christianity* (Yardley, PA: Westholme, 2007), xi.

7. Willard, *The Spirit of the Disciplines*, p. 258. 달라스 윌라드, 《영성 훈련》(은성 역간).

8. Dietrich Bonhoeffer, *The Cost of Discipleship* (New York: Touchstone, 1959), p. 51.

9. Simon Sinek, "How Great Leaders Inspire Action," filmed 2009년 9월 녹화, TEDxPugetSound, video, 17:58, https://www.ted.com/talks/simon_sinek_how_great_leaders_inspire_action.

10. Bonhoeffer, The Cost of Discipleship, p. 46, 56.

11. Helen Keller, *The Story of My Life,* John Albert Macy 편집 (New York: Grosset and Dunlap, 1905), pp. 23-24.

12. Thomas Merton, *Contemplative Prayer* (New York: Image Books, 1969), p. 13.

13. Tim Harmon, "Who's In and Who's Out? Christianity and Bounded Sets vs. Centered Sets," *Transformed* (blog), 2014년 1월 17일, https://www.westernseminary.edu/transformedblog/2014/01/17/whos-in-and-whos-out-christianity-and-bounded-sets-vs-centered-sets/.

14. C. S. Lewis, *Mere Christianity* (New York: HarperCollins, 1980), pp. 209-210. C. S. 루이스, 《순전한 기독교》(홍성사 역간).

15. Dallas Willard, *Renovation of the Heart: Putting On the Character of Christ* (Colorado Springs, CO: NavPress, 2012), p. 59. 달라스 윌라드, 《마음의 혁신》(복있는사람 역간).

16. Dallas Willard, *The Divine Conspiracy: Rediscovering Our Hidden Life in God* (New York: HarperSanFrancisco, 1998), p. 302. 달라스 윌라드, 《하나님의 모략》(복있는사람 역간).

17. C. S. Lewis, *The Problem of Pain* (New York: HarperOne, 2001), p. 130. C. S. 루이스, 《고통의 문제》(홍성사 역간).

18. 같은 책, p. 141.

19. Richard B. Hays, *The Faith of Jesus Christ: The Narrative Substructure of Galatians* 3:1-11 (Grand Rapids, MI: Eerdmans, 2002), p. 211.

20. N. T. Wright, *The Day the Revolution Began: Reconsidering the Meaning of Jesus's Crucifixion* (New York : HarperOne, 2016), p. 4. 톰 라이트, 《혁명이 시작된 날》(비아토르 역간).

21. Martin Thielen, *What's the Least I Can Believe and Still Be a Christian? A Guide to What Matters Most* (Louisville, KY: John Knox Press, 2013), pp. 116-117.